ふだんぎからおでかけまで

## かんたん手作り
## 赤ちゃんスタイ

増山優子

## Contents

### ふだんぎスタイ

| | | | recipe |
|---|---|---|---|
| 01 | コロンとかわいいエッグ型スタイ | 4 > | 36 |
| 02 | タオルにもなるバンダナスタイ | 6 > | 37 |
| 03 | たっぷり吸収！ バッグ型タオルスタイ | 7 > | 38 |
| 04 | くるんと巻いたサイドスナップスタイ | 8 > | 39 |
| 05 | スナップボタン要らずのシュシュスタイ | 8 > | 40 |
| 06 | 愛情こめてちくちく♪ ステッチスタイ | 9 > | 39 |
| 07 | ちょっぴりオトナなブラウス風スタイ | 10 > | 41 |
| 08 | お洋服に合わせてチェンジ♪ きせかえスタイ | 10 > | 42 |
| 09 | ママ大好き♥ 吹き出しスタイ | 11 > | 42 |
| 10 | ぷっくりアップリケの朝ごはんスタイ | 11 > | 43 |

### おしょくじスタイ

| | | | recipe |
|---|---|---|---|
| 01 | おこぼれキャッチポケットつきスタイ | 12 > | 44 |
| 02 | コンパクトにたためるかんたんスタイ | 14 > | 44 |
| 03 | 首周りふわふわ♥ つけかえスタイ | 15 > | 45 |

---

### 本書のルール

**★ サイズについて**

本書で紹介しているスタイは、首周り約 31 〜 34cm で作成しています。ゆるすぎると回転し、よだれをキャッチできませんし、きつすぎるのは大変危険です。スナップをつける前に、実際に赤ちゃんの首に巻いてみて、目印をつけるのがおすすめです。その際は必ず、スタイと赤ちゃんの首の間に適度な隙間を作りましょう。サイズを大きくしたい人は、スナップボタンをつける先端部分をのばして布を裁ちましょう。小さくしたい人は、逆に短くするのがかんたんです。または、型紙を 110 〜 120% に拡大、または 95 〜 90% に縮小するなど調節してください。

**★ 作る際の注意**

ボタンなどの小さな装飾パーツは、赤ちゃんの誤飲の恐れがあります。使用する際にはしっかりと縫いとめましょう。赤ちゃんの誤飲を防ぐためにも、作業が終わったら針の数をきちんと確認し、裁縫道具は、子供の手の届かない所に片づけましょう。アイロンも同様に危険です。赤ちゃんが寝たときに一気にまとめてかけるなど、工夫しましょう。

**★ 布地について**

本書では、市販のものよりもよりふっくらとボリュームのあるスタイを紹介しています。表布や裏布はガーゼやコットン、芯はタオル地やガーゼなどを使用するのがおすすめ。赤ちゃんの肌に優しい布地を選びましょう。

## おでかけスタイ

recipe

- 01 スカートみたいなふんわりロングスタイ ……… 16 > 46
- 02 ママ、本読んであげる！ BOOKスタイ ……… 18 > 47
- 03 衿も袖もまあるく♥ レディなスタイ ……… 19 > 48
- 04 つけ衿みたいなセーラースタイ ……… 19 > 49
- 05 小さな水兵さんのスタイ ……… 19 > 50
- 06 レトロポップなさくらんぼスタイ ……… 20 > 51
- 07 ぷっくり衿と袖つきのガーリースタイ ……… 20 > 52
- 08 まる○さんかく△しかく□スタイ ……… 20 > 53
- 09 ドーナツ衿のワンピース風スタイ ……… 21 > 54
- 10 おめかしキツネの衿巻きスタイ ……… 22 > 55
- 11 もこもこあったかスヌードスタイ ……… 23 > 56
- 12 大きなドーナツリング型スタイ ……… 24 > 56
- 13 スクエアー型スタイ ……… 25 > 57

## およばれスタイ

recipe

- 01 黒ねこのサーカス☆スタイ ……… 26 > 58
- 02 ちょっと気取ってフォーマルスタイ ……… 28 > 59
- 03 おしゃまなメイド風スタイ ……… 28 > 60
- 04 メガネ男子のシャツ風スタイ ……… 29 > 63
- 05 ロマンティックなドレスアップスタイ ……… 29 > 61
- 06 夢見るDOLLのハート型スタイ ……… 30 > 62
- 07 ときには小悪魔★ ベビーデビルスタイ ……… 31 > 63

- きほんの道具 ……… 32
- きほんの材料 ……… 33
- 型の取り方／布地を重ねる順番 ……… 34
- きほんの縫い方／刺しゅうで使うステッチ ……… 35

# ふだんぎスタイ

ふだん使いにぴったりのシンプルなスタイ。
毎日使える、飽きのこないデザインです。

　　ぷっくり　してて

　　　　まあるくて

　　ふわふわっ　として

　　　　あったかいものって……なあんだ？

　　　　あかちゃんの　ほっぺみたいな

　　　　そんな　スタイができました♪

## 01 ふだんぎスタイ

生地や柄を変えて何枚も作りたい
### コロンとかわいいエッグ型スタイ

Level ☆

本書で紹介するスタイの基本のデザイン。まず最初にトライすることをおすすめします。裏に使う布を変えれば、リバーシブルで使用することができます。シンプルでかんたんだから何枚でも作れちゃいます。

how to make > p.36

## 02 ふだんぎスタイ

バッグに入れておきたい便利アイテム
### タオルにもなるバンダナスタイ
Level ☆

タオルのすみっこの対角線に、スナップボタンをつけただけ！　ふだんはタオルとして持ち歩いて、必要に応じてスタイにもできちゃう。シンプルな上、使い勝手も最高です。

how to make > p.37

## 03 ふだんぎスタイ
四角いタオルに綾テープをつけただけ！
### たっぷり吸収！ バッグ型タオルスタイ
Level ☆

タオル地で作った厚手のスタイに、綾テープをつけるだけのかんたんアイデア。テープの長さやスナップのつけ位置を変えれば、サイズ調節もかんたんにできます。

how to make > p.38

## 04

ふだんぎスタイ

布地の切りかえがスタイリッシュ
**くるんと巻いた
サイドスナップスタイ**

level ✦✦

柄の布と無地の布を切りかえたデザイン。下部分のふっくら丸いシルエットがかわいい♥ 選ぶ柄によって、印象ががらりと変わります。

how to make > p.39

## 05

ふだんぎスタイ

かぶせるだけだから着脱が楽ちん♪
**スナップボタン要らずの
シュシュスタイ**

level ✦

つけるときはかぶせるだけ。赤ちゃんが自分で外してしまう心配もありません。シュシュ部分は赤ちゃんの首にあたるので、柔らかい生地を選んで。

how to make > p.40

# 06 ふだんぎスタイ

ぶきっちょさんでもできるかんたん刺しゅう
## 愛情こめてちくちく♪ ステッチスタイ

Level

ドットの布にステッチでアクセントを入れたキュートなデザイン。刺しゅうと聞くと難しく感じるかもしれませんが、基本のなみ縫いと同じ要領でできるから、見た目よりもずっとかんたんです。

how to make > p.39

## 07 ふだんぎスタイ

お洋服のイメージががらりとチェンジ
### ちょっぴりオトナな ブラウス風スタイ

Level ★★

衿がついただけでお洋服感アップ！
表布の模様の色と、衿の色を合わせれ
ばおしゃれに仕上がります。綾テープを
中央にあしらって、ファスナー風に♪

how to make ＞ p.41

## 08 ふだんぎスタイ

スナップでパチンとつけかえ！
### お洋服に合わせてチェンジ♪ きせかえスタイ

Level ★★

両サイドのスナップでつけかえられる、アレンジスタイ。
本体部分を何枚か作っておいて、その日のお洋服や気
分に合わせて変えてもOKです。

how to make ＞ p.42

# 09 ママ大好き♥ 吹き出しスタイ

お好みのメッセージをそえて♪

Level ☆☆

吹き出し型のパーツを、シンプルなスタイに縫いつけたアレンジ。吹き出し内のセリフは、刺しゅう糸で作ります。まっすぐな部分が多いアルファベットは、刺しゅう初心者さんでもトライしやすい！

how to make > P.42

# 10 ぷっくりアップリケの朝ごはんスタイ

パーツを組み合わせて作る！

Level ☆☆

少し慣れてきたら、アップリケにもトライ！ 楽に作りたい人は、市販のアップリケやフエルト生地などを使っても。その場合は布地が固めなので、赤ちゃんの肌に直接触れない部分につけましょう。

how to make > P.43

# おしょくじスタイ

食べこぼしもしっかり受け止める機能性と、
染みない素材でごはんの時間も楽しく。

にんじん　ポイッ！

とまと　ポイポイッ！

たまねぎ　あっちに　とんでいけ〜！

でもね、

ママは　だーいすき　♡

だから　いっぱい　こぼしても　ゆるしてね

## おしょくじスタイ
### 01 こぼした食べ物をしっかり受け止める！
### おこぼれキャッチポケットつきスタイ
Level

フロントがポケットになっているので、食べ物をこぼしたってへっちゃら。サイドのスナップボタンを外して、中のものを出せば洗いやすい！スナップボタンの位置を変えて、ポケットの深さも調節できます。

how to make > p.44

おしょくじスタイ
## 02
ポリエステルだから水にも強い！
### コンパクトにたためるかんたんスタイ
Level ◉

かわいいポリエステル生地が見つかったら、作ってみたいスタイ。
後ろ部分にスナップボタンがついています。サイズが大きめなので、
食べこぼしてもお洋服が汚れにくい！

how to make > p.44

## お しょくじスタイ
## 03 首周りふわふわ♥ つけかえスタイ

クリップだから取り外せる！

Level 🍼🍼

首周りがシュシュになっているので、サイズ対応も可能。クリップで外して汚れた部分だけ変えられるのも便利です。クリップ部分は、市販のパーツを使っています。

how to make > p.45

# おでかけスタイ

赤ちゃんといっしょに少し遠くまでおでかけ。
ちょっとおしゃれしたい日にぴったりのスタイ。

## 01 おでかけスタイ

**ゴージャスなのに驚くほどかんたん！**
**スカートみたいなふんわりロングスタイ**
Level ♡

四角く作ったパーツにタックを寄せるだけで、こんなに女の子らしいスタイができました♥　リボン部分でサイズ調整できるので成長してからも使えます。

how to make ＞ p.46

どちらへおでかけですか？

あいらしい　おじょうさま

きょうのわたし、 どこがちがうか わかるかな？

ひらひらって　かぜにゆれて
　いいにおいがする

ママのおようふくみたいでしょ？

## 02 おでかけスタイ

クールでお茶目なアイデアスタイ

# ママ、本読んであげる！ BOOKスタイ

Level 🌸🌸

シンプルなスタイに、本のパーツをまつった楽しいデザイン。刺しゅう部分はほとんどなみ縫いだからかんたん。個性派アイテムでみんなと差をつけたいママは、ぜひ挑戦してみて。

how to make > p.47

## 03 おでかけスタイ

クラシカルな装いで立派なレディに
### 衿も裾もまあるく♥ レディなスタイ

Level 🍎🍎🍎

実は2つのパーツを組み合わせただけ。別々に作ることで、立体感が出てよりキュートになります。上品に見せたい日におすすめです。

how to make > p.48

## 04 おでかけスタイ

シンプル服がセーラーに変身！
### つけ衿みたいなセーラースタイ

Level 🍎🍎

フェミニンにアレンジしたセーラースタイ。ちょっぴり大人っぽい形が、甘過ぎなくてGOOD。お花のレースモチーフの下のスナップボタンでつけはずしてください。

how to make > p.49

## 05 おでかけスタイ

セーラーの衿で巻きつけて★
### 小さな水兵さんのスタイ

Level 🍎🍎🍎

セーラーの結び目に、衿部分の片方を通してつけはずしをするタイプ。インパクトのある柄でも、バイアステープに同系色を選ぶとまとまりが出ます。

how to make > p.50

## 06

ヴィヴィッドな配色がかわいい♥
### レトロポップな
### さくらんぼスタイ

Level 🍎🍎🍎♡

アメリカンヴィンテージを思わせる、ヴィヴィッドな配色で作ったさくらんぼのモチーフスタイ。後ろの結び目は葉っぱをイメージしています。

how to make > p.51

## 07

クラシカルなブラウスみたい！
### ぷっくり衿と袖つきの
### ガーリースタイ

Level 🍎🍎🍎

下をふっくらさせたオーソドックスなスタイを、衿と袖でアレンジ。シャビーな水色とピンクを選んで、大人かわいく♥ ちょっとおめかししたいときにどうぞ。

how to make > p.52

## 08

立体的なモチーフがインパクト大！
### まる○さんかく△
### しかく□スタイ

Level 🍎🍎♡

サイドボタンのスタイに、立体モチーフをペタペタ。モード系で、ユニセックスで作れるデザインです。フォーマルな場につけていっても素敵。

how to make > p.53

おでかけスタイ

## 09 ふんわりカラーのドレススタイ
## ドーナツ衿のワンピース風スタイ

Level

長め丈のスタイをつけるだけで、まるでフォーマルなワンピースを
きているよう♥ 普段より少しドレスアップしたいときにぴったり。
長方形にタックを寄せて、スカート部分を作っています。

how to make > p.54

お金持ちマダム風おしゃれデザイン
## おめかしキツネの衿巻きスタイ
Level 🦊🦊🦊

まるでキツネの毛皮をまとっているかのようなスタイ。綿を入れてふわっとさせたキツネの顔としっぽをつけるだけで、こんなにゴージャスに。冬のおしゃれが楽しくなりそう！

how to make > p.55

おでかけスタイ

## 11 寒い冬はマフラー代わりにも
### もこもこあったかスヌードスタイ
Level ♡

長方形の型にスナップボタンをつけるだけで、おしゃれなスヌードに変身！ くるっと一回ひねりながら首に回し、スナップボタンをとめます。たったこれだけで差が出るのがすごい★

how to make > p.56

おでかけスタイ

## 12 大きなドーナツリング型スタイ
シスターみたいな大きな丸衿♥

Level ☺

修道女みたいな丸衿スタイ。柄からイメージして2種作りました。ギンガムチェックはバイアステープ、花柄はレースでアレンジ。中地としてキルティング地を挟むと、ぱりっと仕上がります。

how to make > p.56

## 13 スクエアー型スタイ

おでかけスタイ

女のコはプレゼント風＆男のコはサスペンダー風

Level ♡♡♡

女の子用は、スクエアーのスタイにリボンをラッピングするように縫いつけるだけ。男の子用は、表地を切りかえにしています。てんとう虫のリボンを縦につけたら、サスペンダーみたい！

how to make > p.57

# およばれスタイ

お友だちのホームパーティや親戚へのお披露目会。
ドレスアップしたいときにおすすめです。

タンタカ　タタタン♪

くろねこ　サーカス　やってきた！

キラリとひかる　まんまる　おめめ
ピン！　と　のばした　じまんの　おひげ
フリルのえりが　トレードマーク

タンタカ　タタタン♪　にゃおーん！！

**およばれスタイ**
## 01
ねこ好きのハートをわしづかみっ！
### 黒ねこのサーカス☆スタイ
Level

シンプルなスタイに、ねこのパーツをまつり縫い。下のフリルもいっしょに挟みこみます。ねこのパーツは縫いとめてしまうから、刺しゅうするときに裏側が少しぐちゃっとなっていてもOKです。
how to make > p.58

# 02

およばれスタイ

いつパーティーに呼ばれてもバッチリ★
## ちょっと気取って
## フォーマルスタイ

Level

刺しゅうで作っただまし絵風スタイ。刺しゅうは本返し縫いだとキレイにできますが、よりかんたんにするため、今回は幅をせばめたなみ縫いにしました。

how to make > p.59

# 03

およばれスタイ

小さなあんよでキュートさ抜群♥
## おしゃまな
## メイド風スタイ

Level

赤ちゃんが小さなメイドさんに変身！エプロンの上はバイアステープを重ねるから、端の処理はしなくて大丈夫。ホームパーティーのときにつけたい♪

how to make > p.60

およばれスタイ
## 04
気分はデキるビジネスマン！
### メガネ男子の シャツ風スタイ
Level 🎀 🎀 🎀

タキシードまでいかないプチフォーマルがお好みなら、こんなクールなデザインはいかが？ 左のポケットからのぞく、小さなメガネの刺しゅうがポイント。

how to make > p.63

およばれスタイ
## 05
普段着とフォーマルを使い分け♥
### ロマンティックな ドレスアップスタイ
Level 🎀 🎀 🎀

スナップボタンでスカート部分を取り外すと、シンプルなスタイに早変わり。ドレス感を重視するなら、スカート部分の生地にチュールを使ってもかわいい！

how to make > p.61

およばれスタイ

## 06 女の子をよりキュートに見せてくれる♥
### 夢見るDOLLのハート型スタイ

Level 🎀 🎀 🎀

マカロンカラーで作るキュートさ満点のスタイ。ハートの端を飾っているギザギザは、波型リボンテープをそのまま利用しています。ちょっぴり甘い世界観がお好きな人はぜひこちらを♥

how to make > p.62

# 07 およばれスタイ

にくめない！ キュートな悪魔ちゃん★
## ときには小悪魔★ ベビーデビルスタイ
Level ★★★

天使なはずの赤ちゃんが、ときには悪魔に見えることもある!?
表面のシマシマは、綾テープをまつり縫いして作ります。後ろから
見ると、ふっくらした小さな悪魔の羽がぴょこん。

how to make > p.63

# きほんの道具

本書で使う、おもな道具を紹介します。かわいい缶や箱に入れて、素敵なお道具箱を作りましょう。

### 手縫い針と刺しゅう針
縫うときに使う針。刺しゅう針は、刺しゅう糸が通るように穴が大きくなっています。

### マチ針
仮止め用の針。通り抜けてしまわないよう、先に玉やガラスがついています。

### 針山
縫い針やマチ針を刺しておくためのクッション。針立て、針刺しとも呼びます。

### 目打ち
スナップをつける位置に穴をあけるときに使います。たこ焼きを返す金串でも代用可。

### 布切りハサミ
布を切るときは、専用のハサミを使用します。紙を切ると切れ味が悪くなるので注意。

### 糸切りハサミ
糸の始末に使う小さなハサミ。手軽に扱えるので、細かい作業をするときはこちらが便利。

### 紙切りハサミ
型紙を切るときに使います。普段使いのものでOK。厚紙を切るときは大きめの方が◎。

### リッパー
縫った糸をほどく道具。もし縫い間違った場合などに便利。糸切りハサミでも代用可。

### チャコペン
布に型を写すときに使用。こすったり、洗うと線が消えるので、仕上がりがきれいです。

### チャコペーパーとへら
布の上に型紙を重ね、へらでなぞり写し取る道具。本書では図案を写すときに使います。

### メジャーと定規
スタイの首周りを調節するときに使います。定規は約30〜50cmのものが使いやすい。

### アイロン
型紙を取る前や、縫う前にはできるだけアイロンを。タックを寄せるときにも使います。

# きほんの材料

スタイを実際に縫うときに使う材料です。糸はデザインに合わせて、何色か用意しておくといいでしょう。

**縫い糸**

裁縫用に使う糸。細い糸を使う場合は、2本取り（2本重ねること）で縫いましょう。

**刺しゅう糸**

刺しゅう用の糸。細い糸が6本束になっているものと、太い1本のものがあります。

**リボン**

グログランリボン、サテンリボン、リボンレース、刺しゅう入りリボンなどさまざま。

**バイアステープ**

ななめ45°の角度で切った細い布の両端を中心に折り込んだもの。伸縮性があります。

**ワンタッチスナップボタン**

本書で使用しているのは、プラスチック素材のものです。洗濯を繰り返しても錆びません。

**ハンディプレス**

ワンタッチスナップボタンをつけるときに必ず使う、専用アイテムです。

### ワンタッチスナップボタンのつけ方

スナップボタンは上下2組ずつ、4つのパーツで1セットです。凹側は目打ちで穴を開けたらヘッドの芯を通し、バネをかぶせてハンディプレスで挟んでかしめます。凸側も穴にヘッドの芯を通したら、ゲンコをかぶせて同様に挟んだら完成です。

---

## スタイならではの裏ワザ！

通常は、縫いしろを含めた布地を裁断してから縫います。ただ、厚手の布地やふわふわした布地は、縫っていくうちにずれていきやすく、表に返したら布地の端っこが出てきていた！　という失敗もあります。そんなときは、こんな裏ワザを使うのもアリ。正式な洋裁の方法ではありませんが、範囲が小さなスタイだからこそできるワザといえます。

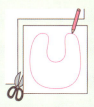

型紙を布の上において、チャコペンで型を取ります。あとは周りを3〜4cm残して、目分量で布地を四角形にカットします。

型紙ごとマチ針を刺して固定します。

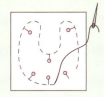

返し口を残し、できあがり線を縫います。

縫いしろを1.5cm残してハサミでカットし、表に返せばOK！

★ **通常の工程**
「型取り」→「裁断」→「マチ針を打つ」→「縫う」

★ **裏ワザの工程**
「型取り」→「マチ針を打つ」→「縫う」→「裁断」

※この本で紹介しているスタイはすべて、裏ワザを使っても作れます。

## 型の取り方

型紙から型を取って、布を裁断していきましょう。厚紙で作れば、お気に入りの型を何度も使えます。

**❶ 型紙から型を写し取る**
型紙の上に型紙用紙などの薄い紙をのせ、固定して鉛筆で写し取ります。

**❷ 厚紙に写す**
❶をボール紙などの厚手の紙の上にのせてカットし、丈夫な型紙を作りましょう。

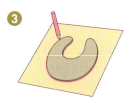

**❸ 布にのせてなぞる**
❷を布の上におき、チャコペンでなぞります。模様があるときは、チャコペーパーで写します。

**❹ 縫いしろを作る**
チャコペンで縫いしろの線を入れます（本書では、すべての縫いしろを1.5cmにしています）。

**❺ 裁断する**
型紙を外し、❹で引いた縫いしろの線に合わせて、布切りハサミで裁断します。

**❻ できあがり！**
裏地用や挟む用の布などを、同様に何枚か切り出しておきましょう。

**チャコペンで書くにくい布地で作る場合**
タオル地やガーゼなど、チャコペンで型どりしにくい生地を使用する場合には、薄手の綿100％の白の布地を用意しておくと便利。布に型を写し取り、そのまま白い布を中に挟み込んでしまいましょう。

## 布地を重ねる順番

スタイをふっくらさせるために、表布と裏布の間に芯を挟みます。布地の種類や厚みで、仕上がりが異なります。

### きほんの重ね方

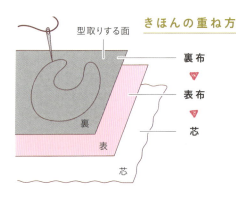

型取りする面
- 裏布
- 表布
- 芯

### ふっくらさせたいとき

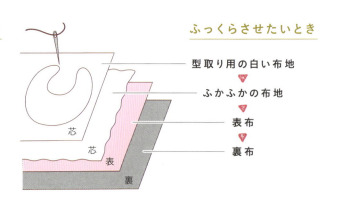

- 型取り用の白い布地
- ふかふかの布地
- 表布
- 裏布

## きほんの縫い方

スタイの本体を縫うときは、なみ縫いか返し縫い。パーツを取り付けるときは、まつり縫いを使っています。

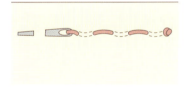

**なみ縫い（ランニングステッチ）**

表も裏も同じ針目で、等間隔に縫うこと。縫い目を細かくすると、そのぶん丈夫になります。縫い目をそろえるときれいです。

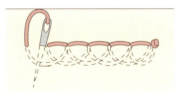

**返し縫い（バックステッチ）**

ひと針進める度に戻す縫い方。裏側はまっすぐになります。ひと針戻すのは本返し縫い、半針戻すのは半返し縫いと呼びます。

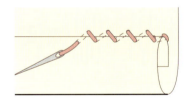

**まつり縫い**

縫い目が目立たないようにかがること。縫い目が縦の縦まつりと、ななめのななめまつりがありますが、どちらでも OK です。

## 刺しゅうで使うステッチ

パーツは本体に重ねるので、裏がぐちゃぐちゃでも OK。気軽な気持ちで刺しゅうにトライしてみてください。

**ストレートステッチ**

1 本の線を縫うときに、分けずにひと針で縫うやり方。組み合わせることで様々な形や文字を描くことができます。

**バリオンノットステッチ**

針に糸を 10 回ほど巻き付け、大きな玉結びを作ります。複雑に見えますが、縫い終わりのときの玉結びと同じ要領です。

**チェーンステッチ**

糸を針の周りに一回巻き付け、縫い目でループ部分を押さえます。繰り返すことで、鎖のようになります。

---

### 中表（なかおもて）って？

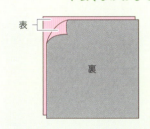

2 枚の布を縫い合わせるときに、表を内側にすることを中表と呼びます。スタイ本体は、中表に合わせて縫い、表に返しています。

### タックって？

スカートのように、布に折り目を入れることをタックやプリーツと呼びます。型紙の斜線の向きで折り方が異なるので型紙を参照して作りましょう。

 右の布を上にして折る。

 左の布を上にして折る。

## 01 コロンとかわいいエッグ型スタイ

作品掲載 > p.4　型紙B面 ❶-1　Level ☆

### 材料
- 表布／ダブルガーゼ
  （A 花柄、B ドット）… 25 × 30cm
- 裏布／ダブルガーゼ
  （A ドット、B チェック）… 25 × 30cm
- 芯／タオル地 … 25 × 30cm
- ワンタッチスナップボタン
  （13mm・ピンク／白）… 1 組

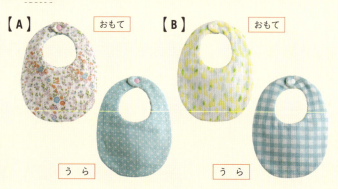

【A】おもて　【B】おもて
うら　うら

### 作り方　※【A】で解説（【B】も同様の手順で作る）

**❶ 布を裁つ**

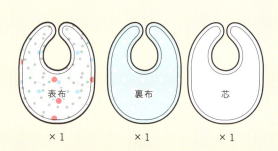

表布 ×1　裏布 ×1　芯 ×1

※縫いしろ 1.5cm つける

**❷ 3枚の布を重ねる**

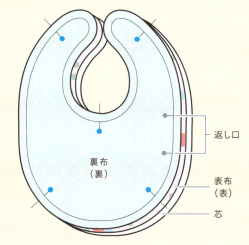

返し口
裏布（裏）
表布（表）
芯

**❸ 縫い合わせる**

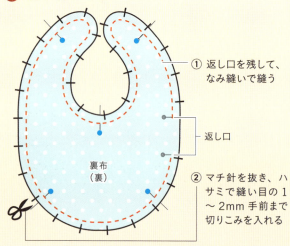

裏布（裏）
返し口

① 返し口を残して、なみ縫いで縫う

② マチ針を抜き、ハサミで縫い目の 1 〜 2mm 手前まで切りこみを入れる

**❹ 表に返し、仕上げる**

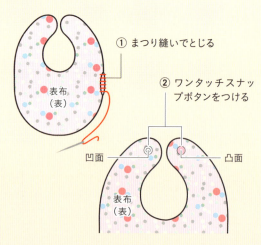

表布（表）

① まつり縫いでとじる

② ワンタッチスナップボタンをつける

凹面　凸面
表布（表）

## 02 タオルにもなるバンダナスタイ

作品掲載 > p.6　型紙A面 ❷-1、❷-2　Level ★

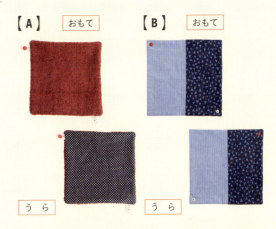

### 材料

**【A】**
- 表布／タオル地（赤）… 35×35cm
- 裏布／コットン（ドット）… 35×35cm
- 芯／ダブルガーゼ … 35×35cm
- 綾テープ（20mm幅）… 8cm×2本
- ワンタッチスナップボタン（13mm・赤）… 1組

**【B】**
- 表布／ダブルガーゼ（三角柄）… 20×35cm×2枚
- 裏布／ダブルガーゼ（水色）… 20×35cm×2枚
- 芯／ダブルガーゼ … 40×40cm
- ワンタッチスナップボタン（13mm・赤）… 1組

### 作り方 ※【A】で解説

**❶ 布を裁つ**

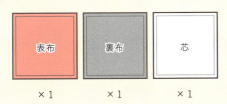

**❷ 綾テープにボタンをつける**

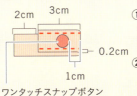

① 図のように折り、なみ縫いで縫った綾テープを2つ作る
② 図の位置にワンタッチスナップボタンの凸側と凹側を1個ずつつける

**❸ 布を重ねて縫い合わせる**

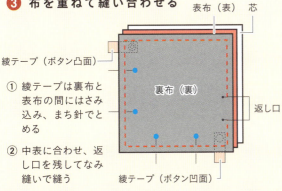

① 綾テープは裏布と表布の間にはさみ込み、まち針でとめる
② 中表に合わせ、返し口を残してなみ縫いで縫う

**❹ 表に返す**

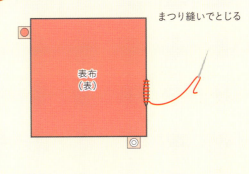

まつり縫いでとじる

### 【B】の作り方

**❶ 布を裁つ**

**❷ 切りかえ部分を合わせる**

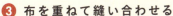

① 三角柄と水色のダブルガーゼを中表にしてなみ縫いで縫う
② 開いて縫いしろをアイロンで割る

これを2組作り、表布、裏布として使う

**❸【A】の3-②と同様に縫う**

**❹ 表に返し、仕上げる**

返し口をまつり縫いでとじ、角にワンタッチスナップボタンをつける。対角にも同様に凹面をつける

凸面

## たっぷり吸収！ バッグ型タオルスタイ

作品掲載 > p.7　型紙B面 ❸　Level ☆

### 材料

- 表布／A ダブルガーゼ（三角柄）、B スウェット（グレー）… 25×35cm
- 裏布／タオル地（A 赤、B ネイビー）… 25×35cm
- 綾テープ（25mm 幅・赤）… 50cm
- 刺しゅう糸（A 赤、B グレー）… 適量
- ワンタッチスナップボタン（13mm・A クリーム色、B 赤）… 2組

## 作り方　※【A】で解説（【B】も同様の手順で作る）

### ❶ 布を裁つ

### ❷ 布を縫い合わせる

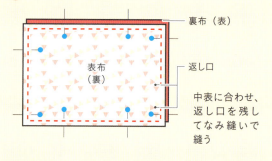

中表に合わせ、返し口を残してなみ縫いで縫う

### ❸ 表に返す

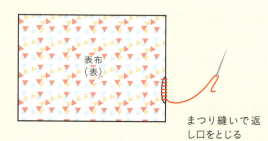

まつり縫いで返し口をとじる

### ❹ 綾テープをつける

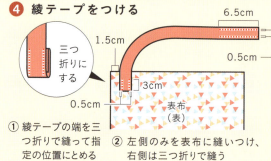

① 綾テープの端を三つ折りで縫って指定の位置にとめる
② 左側のみを表布に縫いつけ、右側は三つ折りで縫う

### ❺ タックを寄せる

① 中心に5cm幅のタックを寄せ、上から1cm分ずらしてまち針でとめる
② 刺しゅう糸でランニングステッチをする

### ❻ ボタンをつける

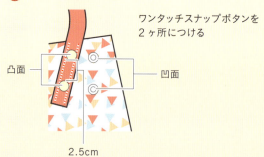

ワンタッチスナップボタンを2ヶ所につける

## 04 くるんと巻いたサイドスナップスタイ 【A】 【B】

作品掲載 > p.8　型紙A面 ❹-1、❹-2　Level ☆☆

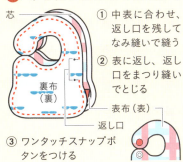

おもて / おもて / うら / うら

### 材料
- 表布／A ダブルガーゼ（チェック）、B コットン（波柄）… 25×35cm
- 切りかえ布／A コットン（赤）、B スウェット（青）… 10×25cm
- 裏布／A ダブルガーゼ（船柄）、B スウェット（青）… 25×35cm
- 芯／ダブルガーゼ … 25×35cm
- ワンタッチスナップボタン（13mm・A 赤、B 白）… 1組

### 作り方　※【A】で解説（【B】も同様の手順で作る）

**❶ 布を裁つ**

表布と反対向きに取る

表布 ×1 / 裏布 ×1 / 芯 ×1 / ×1 切りかえ布

**❷ 切りかえ布をつける**

型紙を参照し、切りかえ布を表布に合わせて1.5cmのところをなみ縫いで縫う

切りかえ布（裏） / なみ縫い / 切りかえ布（表） / 表布（表）

**❸ 布を縫い合わせて仕上げる**

芯 / 裏布（裏） / 表布（表） / 返し口

① 中表に合わせ、返し口を残してなみ縫いで縫う
② 表に返し、返し口をまつり縫いでとじる
③ ワンタッチスナップボタンをつける

---

## 06 愛情こめてちくちく♪ ステッチスタイ 【A】 【B】

作品掲載 > p.9　型紙A面 ❻-1　Level ☆

おもて / おもて / うら / うら

### 材料
- 表布／ダブルガーゼ（A 赤、B ネイビー）… 25×30cm
- 裏布／ダブルガーゼ（A 赤、B ネイビー）… 25×30cm
- 芯／タオル地 … 25×30cm
- 刺しゅう糸（A 赤、B 黄）… 適量
- ワンタッチスナップボタン（13mm・A 赤、B 黄）… 1組

### 作り方　※【A】で解説（【B】も同様の手順で作る）

**❶ 布を裁つ**

表布 ×1 / 裏布 ×1 / 芯 ×1

※【B】を作る場合は、【A】の型紙をベースに下部をアレンジしてください。

**❷ 布を縫い合わせる**

① p.36「ふだんぎスタイ01」を参照して中表に合わせ、返し口を残してなみ縫いで縫う

表布（表）

② 表に返し、返し口をまつり縫いで縫う

**❸ ステッチを入れ、仕上げる**

① 表布にステッチを入れる
　① ランニングステッチ
　② ストレートステッチ
　（p.35参照）
② ワンタッチスナップボタンをつける

## スナップボタン要らずのシュシュスタイ

作品掲載 > p.8　型紙B面 ❺-1、❺-2　Level ☆

【A】おもて　【B】おもて

うら　うら

### 材料
- 表布／ダブルガーゼ
  （Aチェック、B花柄）… 20×25cm
- 裏布／ Aキルティング地（水色）、
  Bタオル地（ピンク）… 20×25cm
- 芯／ダブルガーゼ … 20×25cm
- シュシュ布／Aダブルガーゼ（チェック）、
  Bタオル地（ピンク）… 15×60cm
- 平ゴム（7mm幅）… 26cm×1本

【A】のみ
- リボン（15mm幅・黄緑）
  … 25cm×1本

作り方　※【A】で解説（【B】も同様の手順で作る）

### ❶ 布を裁つ

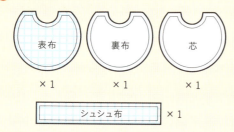

表布　裏布　芯
×1　×1　×1
シュシュ布　×1

### ❷ シュシュを作る

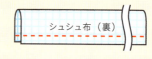

① シュシュ布を中表に折り、端を縫い合わせる

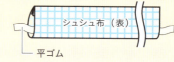

平ゴム

② 表に返して平ゴムを通す

③ 平ゴムを伸ばしてシュシュの両端を縫いとめるとギャザーが寄る

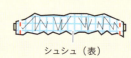

シュシュ（表）

### ❸ リボンをつける

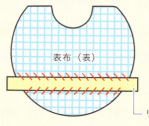

表布（表）
リボン

表布（表）にリボンをまつり縫いで縫いつけておく

※【B】にはこの手順は含まない

### ❹ 布を縫い合わせる

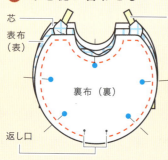

芯
表布（表）
裏布（裏）
返し口

シュシュ（裏布と表布の間にはさみ込む）

① シュシュは裏布と表布の間にはさみ込み、まち針でとめる

② 中表に合わせ、返し口を残してなみ縫いで縫う

### ❺ 表に返す

表に返し、返し口をまつり縫いでとじる

# 07 ちょっぴりオトナなブラウス風スタイ

作品掲載 > p.10　型紙A面 ❼-1、❼-2　Level ☆☆

## 材料

- 表布／コットン（枝柄）… 30×35cm
- 裏布／タオル地（紺）… 30×35cm
- 衿布／コットン（えんじ）… 15×15cm×4枚
- 綾テープ（20mm幅・ステッチ入り・白）… 20cm×1本
- ワンタッチスナップボタン（13mm・赤）… 1組

おもて

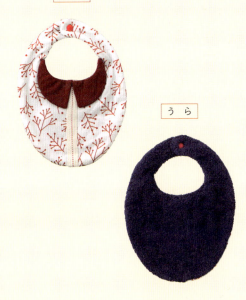
うら

## 作り方

### ❶ 布を裁つ

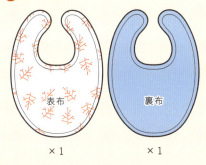

衿布×4
（2枚は反対向きに取る）
※衿布の縫いしろは1cmとる

### ❷ 衿を作る

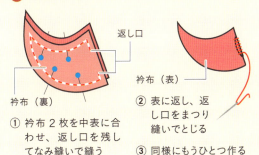

① 衿布2枚を中表に合わせ、返し口を残してなみ縫いで縫う
② 表に返し、返し口をまつり縫いでとじる
③ 同様にもうひとつ作る

### ❸ 綾テープをつける

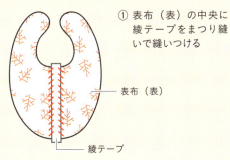

① 表布（表）の中央に綾テープをまつり縫いで縫いつける

### ❹ 布を縫い合わせる

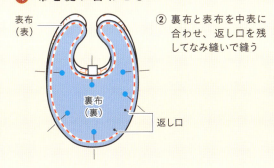

② 裏布と表布を中表に合わせ、返し口を残してなみ縫いで縫う

### ❺ 衿とボタンをつける

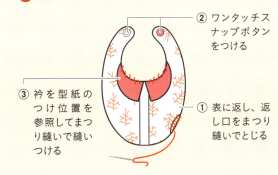

② ワンタッチスナップボタンをつける
③ 衿を型紙のつけ位置を参照してまつり縫いで縫いつける
① 表に返し、返し口をまつり縫いでとじる

## 08 お洋服に合わせてチェンジ♪ きせかえスタイ

作品掲載 > p.10　型紙A面 ❽-1、❽-2　Level ☆☆

### 材料
- 表布／A コットン（三角柄）、
　　　 B スウェット（グレー）… 20×25cm
- 裏布／A タオル地（赤）、
　　　 B キルティング地（紺）… 20×25cm
- 首周り表布／ダブルガーゼ（ドット）… 20×35cm
- 首周り裏布／キルティング地（黒）… 20×35cm
- ワンタッチスナップボタン（13mm・白）… 2組

作り方　※【A】で解説（【B】も同様の手順で作る）

### ❶ 布を裁つ

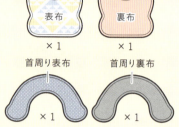

### ❷ 布を縫い合わせて表に返す

① 中表に合わせ、返し口を残してなみ縫いで縫う

② 表に返し、返し口をまつり縫いでとじる

### ❸ ボタンをつける

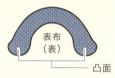

---

## 09 ママ大好き♥ 吹き出しスタイ

作品掲載 > p.11　型紙A面 ❾-1、❾-2　Level ☆☆

### 材料
- 表布／コットン（ストライプ）… 25×30cm
- 裏布／ダブルガーゼ（白）… 25×30cm
- 芯／タオル地 … 25×30cm
- 吹き出し布／コットン（白）… 15×20cm×2枚
- 刺しゅう糸（黒／赤）… 適量
- ワンタッチスナップボタン（13mm・赤）… 1組

作り方

### ❶ 布を裁つ

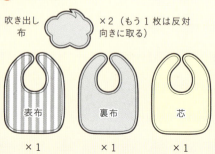

### ❷ 本体を作る

p.36「ふだんぎスタイ01」を参照して本体を作る

### ❸ 吹き出しを作る

① 中表に合わせ、返し口を残してなみ縫いで縫う

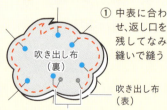

② 表に返し、返し口をまつり縫いでとじる

### ❹ ステッチを入れる

①③は黒、②は赤の刺しゅう糸でステッチを入れる

① ランニングステッチ
② ストレートステッチ
③ バックステッチ
（p.35参照）

### ❺ 吹き出しとボタンをつける

① ワンタッチスナップボタンをつける
② 2に4をまつり縫いで縫いつける

## 10 ぷっくりアップリケの朝ごはんスタイ

作品掲載 > p.11　型紙A面 ❻-1、❻-2、❻-3、❻-4　Level ☆☆

### 材料

- 表布／コットン（チェック）… 25×30cm
- 裏布／ダブルガーゼ（ピンク）… 25×30cm
- 芯／タオル地 … 25×30cm
- ミルク布／コットン（水色）… 10×10cm×2枚
- 目玉焼き布／コットン（白）… 10×11cm×2枚
- フォーク布／コットン（水色）… 10×11cm×2枚
- 刺しゅう糸（水色／赤／黄色）… 適量
- ワンタッチスナップボタン（13mm・水色）… 1組

おもて／うら

### 作り方

#### ❶ 布を裁つ

ミルク布 ×2 ／ 目玉焼き布 ×2（もう1枚は反対向きに取る）／ フォーク布 ×2（もう1枚は反対向きに取る）

※ミルク布、目玉焼き布、フォーク布の縫いしろは1cmとる。

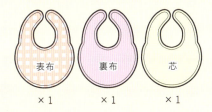

表布 ×1 ／ 裏布 ×1 ／ 芯 ×1

#### ❷ 本体を作る

p.36「ふだんぎスタイ01」を参照して本体を作る

#### ❸ ミルク、目玉焼き、フォークを作る

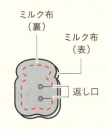

ミルク布（裏）／ ミルク布（表）／ 返し口

① 中表に合わせ、返し口を残してなみ縫いで縫う
② 表に返し、返し口をまつり縫いでとじる
③ 目玉焼き、フォークも同様に作る

#### ❹ ステッチを入れる

①④は水色、②は赤、③は黄色の刺しゅう糸でステッチを入れる

①④ バックステッチ
②③ ストレートステッチ
（p.35参照）

#### ❺ 本体に縫いつけ、ボタンをつける

① ❷に❹をまつり縫いで縫いつける
② ワンタッチスナップボタンをつける

## 01 おこぼれキャッチポケットつきスタイ

作品掲載 > p.12　型紙A面⑩　Level

おもて

うら

### 材料
- 表布／ポリエステル（ボーダー）… 55×40cm
- 裏布／ポリエステル（ボーダー）… 55×40cm
- ワンタッチスナップボタン（13mm・水色）… 3組、凹面2個

### 作り方

❶ 布を裁つ

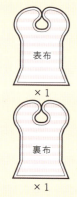

❷ 布を縫い合わせる

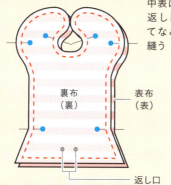

中表に合わせ、返し口を残してなみ縫いで縫う

❸ 表に返し、ボタンをつける

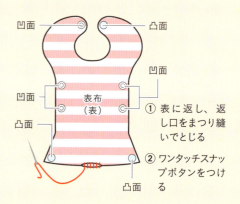

① 表に返し、返し口をまつり縫いでとじる
② ワンタッチスナップボタンをつける

---

## 02 コンパクトにたためるかんたんスタイ

作品掲載 > p.14　型紙A面⑪　Level

おもて　うら

### 材料
- 表布／ポリエステル（ケーキ柄）… 45×40cm
- 裏布／ポリエステル（ケーキ柄）… 45×40cm
- ワンタッチスナップボタン（13mm・黄）… 1組

### 作り方

❶ 布を裁つ　❷ 布を縫い合わせる

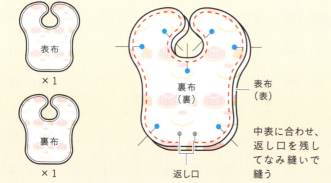

中表に合わせ、返し口を残してなみ縫いで縫う

❸ 表に返し、ボタンをつける

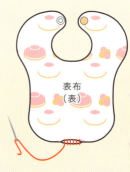

① 表に返し、返し口をまつり縫いでとじる
② ワンタッチスナップボタンをつける

## 03 首周りふわふわ♥ つけかえスタイ

作品掲載 > p.15　型紙A面 ⑫-1、⑫-2　Level

### 材料
- 表布／ポリエステル
  （A アイス柄、B ハリネズミ柄）
  … 35×30cm
- 裏布／コットン
  （A 黄、B 緑）… 35×30cm
- シュシュ布／ダブルガーゼ（ドット）
  … 40×10cm
- 平ゴム（7mm幅）
  … 26cm×1本
- フィッシュクリップ
  （20mm・平テープ用）… 2個

### 作り方　※【A】で解説（【B】も同様の手順で作る）

**① 布を裁つ**

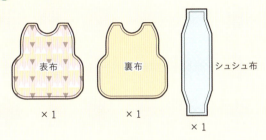

**② 布を縫い合わせる**

中表に合わせ、返し口を残してなみ縫いで縫う

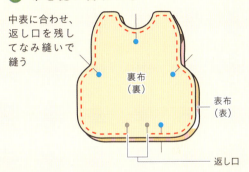

**③ 表に返す**

表に返して返し口をまつり縫いでとじる

**④ シュシュを作る**

p.40「ふだんぎスタイ05」2を参照してシュシュを作る

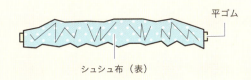

**⑤ フィッシュクリップをつける**

① 通し口にシュシュを通す

② 端を0.5cmのところで折り、三つ折りにしてまつり縫いで縫い合わせる

③ 反対側も同様につけ、スタイ本体につなげる

## 01 スカートみたいなふんわりロングスタイ

作品掲載 > p.16　型紙A面⑬　Level

### 材料

- 表布／ダブルガーゼ（花柄）… 45×32cm
- 裏布／ダブルガーゼ（ドット）… 45×35cm
- リボン（7mm幅・花柄）
  … 90cm×1本、3cm×1本
- 刺しゅう糸（ピンク）… 適量

おもて　　うら

### 作り方

#### ❶ 布を裁つ

表布 ×1
裏布 ×1

#### ❷ 布を縫い合わせる

① 中表に合わせ、図のように一辺をなみ縫いで縫う

裏布（表）
表布（裏）

② ①で縫った反対側の辺を揃えて①の辺を折り、アイロンで折り目をつける。返し口を残してなみ縫いで縫う

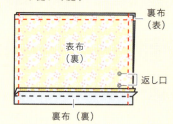

裏布（表）
表布（裏）
返し口
裏布（裏）

#### ❸ 表に返す

③ 表に返して返し口をまつり縫いでとじる

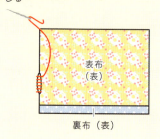

表布（表）
裏布（表）

#### ❹ タックを寄せ、ステッチを入れる

① 型紙を参照してタックを寄せ、まち針でとめておく

② 上から7cm分を刺しゅう糸で表布だけすくってランニングステッチを入れる

表布（表）
ランニングステッチ

③ 裏布のタックの輪の部分をまつり縫いで縫いつける

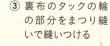

裏布（表）

#### ❺ リボンをつける

① 90cmのリボンの中心を図のように折り、アイロンで折り目をつける。裏に返して3cmのリボンを巻きつけ、まつり縫いでとめる

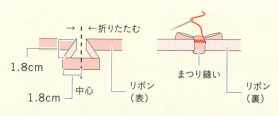

→ ←折りたたむ
1.8cm
1.8cm
中心
リボン（表）
まつり縫い
リボン（裏）

② ①のリボンの中心と本体の中心を合わせて、リボンをまつり縫いで縫いつける

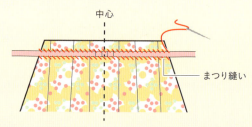

中心
まつり縫い

## 02 ママ、本読んであげる！ BOOKスタイ

作品掲載 > p.18　型紙A面 ❻-1、❻-5　Level ♥♥

おもて　うら

### 材料
- 表布／ダブルガーゼ（ドット）… 25×30cm
- 裏布／ダブルガーゼ（ドット）… 25×30cm
- 芯／タオル地 … 25×30cm
- 本表布／コットン（赤）… 20×25cm
- 本裏布／コットン（赤）… 20×25cm
- 刺しゅう糸（金）… 適量
- ワンタッチスナップボタン（13mm・赤）… 1組

### 作り方

❶ 布を裁つ

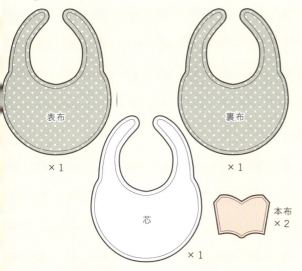

❷ 本体を作る

p.36「ふだんぎスタイ01」を参照して本体を作る

❸ 本を作る

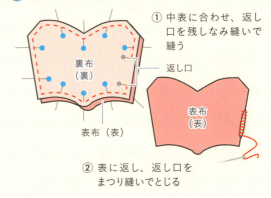

① 中表に合わせ、返し口を残しなみ縫いで縫う

② 表に返し、返し口をまつり縫いでとじる

❹ ステッチを入れる

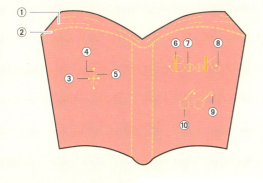

①②④⑦⑩ バックステッチ
③⑧⑨ バリオンノットステッチ
⑤⑥ ストレートステッチ
（p.35 参照）

❺ 本とボタンをつける

① 2に4をまつり縫いで縫いつける
② ワンタッチスナップボタンをつける

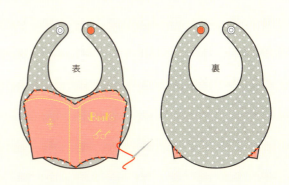

## 03 衿も裾もまあるく♥ レディなスタイ

作品掲載 > p.19　型紙B面 ⑭-1、⑭-2　Level ♡♡♡

おもて

うら

### 材料

- 表布／コットン（ストライプ）… 25×25cm
- 裏布／コットン（ストライプ）… 25×25cm
- 芯／タオル地 … 25×25cm
- スカート表布／コットン（ピンク）… 25×40cm
- スカート裏布／コットン（ピンク）… 25×40cm
- グログランリボン（10mm幅・黒）
  … 8cm×1本、3cm×1本
- ワンタッチスナップボタン
  （13mm・ピンク）… 1組

### 作り方

#### ① 布を裁つ

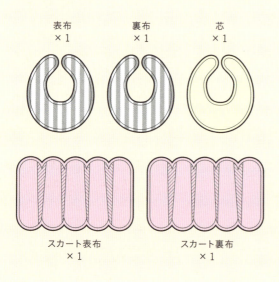

#### ② 本体を作る

p.36「ふだんぎスタイ01」を参照して本体を作る

#### ③ スカートを作る

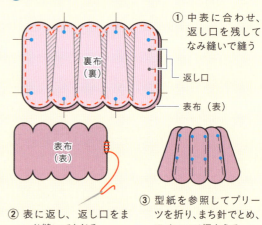

① 中表に合わせ、返し口を残してなみ縫いで縫う
② 表に返し、返し口をまつり縫いでとじる
③ 型紙を参照してプリーツを折り、まち針でとめ、アイロンで押さえる

#### ④ リボンを作る

① 8cmのグログランリボンの中心に向かって図のように折り、アイロンで折り目をつける
② 3cmのグログランリボンを①の中心に巻きつけ、まつり縫いでとめる

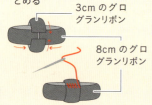

#### ⑤ 本体とスカートを縫い合わせる

スカートと本体をまつり縫いで縫いつける

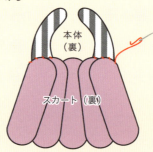

#### ⑥ リボンとボタンをつける

① 表面も本体とスカートをまつり縫いで縫いつける。本体に4をまつり縫いで縫いつける。
② ワンタッチスナップボタンをつける

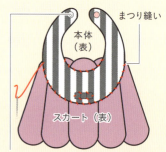

## 04 つけ衿みたいなセーラースタイ

作品掲載 > p.19 型紙B面 ⑮ Level

おもて

うら

### 材料

- 表布／ダブルガーゼ（ドット）… 35×25cm
- 裏布／コットン（花柄）… 35×25cm
- 芯／ダブルガーゼ … 35×25cm
- グログランリボン（7mm幅・ピンク）… 100cm×1本
- ワンタッチスナップボタン（13mm・ピンク）… 1組
- レースモチーフ（花）… 1個（※）

※スナップボタンの上の飾り

### 作り方

#### ❶ 布を裁つ

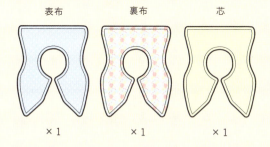

表布 ×1　裏布 ×1　芯 ×1

#### ❷ リボンをつける

表布の端から0.7cm（縫いしろをのぞく）のところにグログランリボンをまち針でとめ、まつり縫いで縫いつける

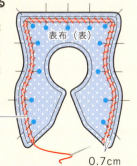

グログランリボン　表布（表）　0.7cm

#### ❸ 布を縫い合わせる

中表に合わせ、返し口を残してなみ縫いで縫う

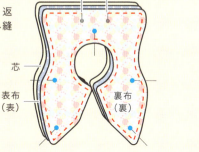

返し口　芯　表布（表）　裏布（裏）

#### ❹ 表に返す

返し口をまつり縫いでとじる

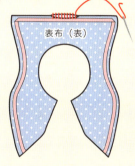

表布（表）

#### ❺ ボタンとモチーフをつける

ワンタッチスナップボタンをつけ、凸面の上からレースモチーフをまつり縫いでしっかりと縫いつける

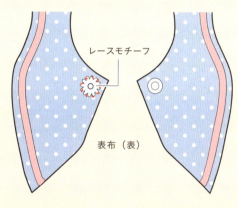

レースモチーフ　表布（表）

## 05 小さな水兵さんのスタイ

作品掲載 > p.19　型紙A面 ⓰-1、⓰-2、⓰-3　Level ♥♥♥

おもて　　うら

### 材料

- 表布／ダブルガーゼ（船柄）… 21×25cm
- 裏布／ダブルガーゼ（船柄）… 21×25cm
- 芯／タオル地 … 21×25cm
- 衿表布／コットン（水色）… 35×25cm
- 衿裏布／ダブルガーゼ（船柄）… 35×25cm
- 結び目布／コットン（水色）… 6×7cm
- バイアステープ（7mm幅・青）… 85cm×1本、7cm×1本
- ワンタッチスナップボタン（13mm・白）… 1組

### 作り方

#### ① 布を裁つ

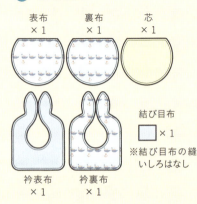

#### ② 本体を作る

p.36「ふだんぎスタイ01」を参照して本体を作る

#### ③ 結び目を作る

① 結び目布の中央に7cmのバイアステープをまつり縫いでつける

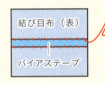

② 中表に折り、なみ縫いで縫い合わせる

③ アイロンで縫いしろを割る

④ 表に返す

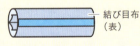

⑤ 両端を折って輪にし、0.5cm重ねてまつり縫いで縫う

#### ④ 本体に結び目をつける

本体に結び目の両端をまつり縫いで縫いつける

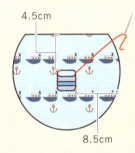

#### ⑤ 衿を作る

① 型紙を参照して、85cmのバイアステープを衿表布に合わせてまち針でとめ、まつり縫いで縫いつける

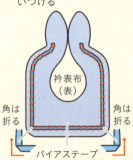

② 衿表布、衿裏布を中表に合わせ、返し口を残してなみ縫いで縫う

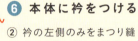

③ 表に返し、返し口から衿裏布の右側だけにワンタッチスナップボタンの凸面をつける

④ 返し口をまつり縫いでとじる

#### ⑥ 本体に衿をつける

① 結び目に衿を通す

② 衿の左側のみをまつり縫いで本体に縫いつける

③ 本体の右側のみワンタッチスナップボタンの凹面をつける

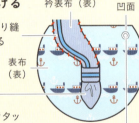

## 06 レトロポップなさくらんぼスタイ

作品掲載 > p.20  型紙B面 ❶-1、❶-2、❶-3  Level

おもて　うら

### 材料

- 表布／コットン（チェック）… 25×30cm
- 裏布／コットン（チェック）… 25×30cm
- 芯／ダブルガーゼ … 25×30cm
- さくらんぼ布／コットン（赤）… 15×15cm×4枚
- 葉っぱ布／コットン（チェック）… 10×15cm×4枚
- バイアステープ（7mm幅・水色）… 22cm×2本、21cm×2本
- 刺しゅう糸（赤）… 適量
- ワンタッチスナップボタン（13mm・水色）… 1組

## 作り方

### ❶ 布を裁つ

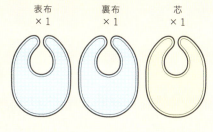

表布×1　裏布×1　芯×1

さくらんぼ布×4　葉っぱ布×4（2枚は反対向きに取る）

※さくらんぼ布、葉っぱ布の縫いしろは1cmとる

### ❷ 本体を作る

p.36「ふだんぎスタイ01」を参照して本体を作る

### ❸ さくらんぼと葉っぱを作る

① それぞれ布を中表に重ね、返し口を残してなみ縫いで縫う

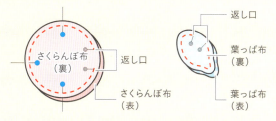

さくらんぼ布（裏）　返し口　さくらんぼ布（表）
返し口　葉っぱ布（裏）　葉っぱ布（表）

② 表に返し、返し口をまつり縫いでとじる

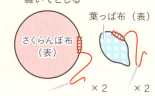

さくらんぼ布（表）　葉っぱ布（表）　×2　×2

③ 葉っぱの根本に粗くなみ縫いをして糸を引き、ギャザーを寄せて縫いとめる

葉っぱ布（表）

### ❹ 本体にステッチを入れ、さくらんぼ、葉っぱをつけて仕上げる

① 刺しゅう糸で本体の周りにランニングステッチをする
② さくらんぼ、葉っぱを本体にまつり縫いで縫いつける
③ 22cmのバイアステープをイラストを参照してまつり縫いでつけ、21cmのバイアステープはリボン結びを作ってから、まつり縫いで本体に縫いつける
④ ワンタッチスナップボタンをつける

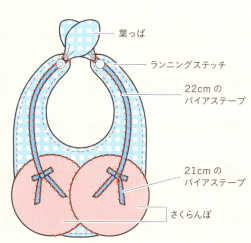

葉っぱ　ランニングステッチ　22cmのバイアステープ　21cmのバイアステープ　さくらんぼ

## 07 ぷっくり衿と袖つきのガーリースタイ

作品掲載 > p.20　型紙A面 ⑰-1、⑰-2、⑰-3　Level

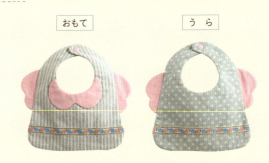

おもて　　うら

### 材料

- 表布／コットン（ストライプ）… 30×30cm
- 裏布／コットン（ドット）… 30×30cm
- 芯／タオル地 … 30×30cm
- 衿布／コットン（ピンク）… 10×15cm×2枚
- 袖布／コットン（ピンク）… 12×7cm×4枚
- リボン（17mm幅・花柄）… 24cm×2本
- ワンタッチスナップボタン（13mm・ピンク）… 1組

### 作り方

#### ① 布を裁つ

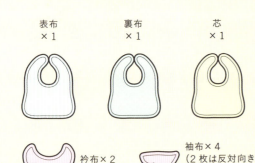

表布×1　裏布×1　芯×1

衿布×2　袖布×4（2枚は反対向きに取る）

※衿布と袖布の縫いしろは1cmとる

#### ② 衿と袖を作る

① それぞれの布を中表に合わせ、返し口を残してなみ縫いで縫う

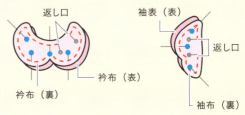

返し口　袖表（表）　返し口　衿布（表）　衿布（裏）　袖布（裏）

② 表に返し、返し口をまつり縫いでとじる

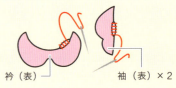

衿（表）　袖（表）×2

#### ③ リボンをつける

表布（表）と裏布（表）にリボンをまつり縫いで縫いつける

表布（表）

#### ④ 布を縫い合わせる

裏布と表布の間に袖を内側に向けて重ね、返し口を残してなみ縫いで縫う

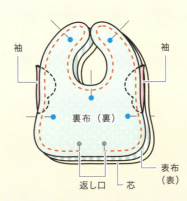

袖　袖　裏布（裏）　表布（表）　返し口　芯

#### ⑤ 表に返し、仕上げる

② 衿をまつり縫いで縫いつける
③ ワンタッチスナップボタンをつける

① 返し口をまつり縫いでとじる

## 08 まる◯さんかく△しかく□スタイ

作品掲載 > p.20　型紙A面 ❹-1、❹-3、❹-4、❹-5　level 😊😊

### 材料
- 表布／スウェット（黒）… 25×30cm
- 裏布／コットン（チェック）… 25×30cm
- まる布／コットン（チェック）… 10×10cm×2枚
- さんかく布／コットン（波柄）… 10×10cm×2枚
- しかく布／コットン（千鳥格子柄）… 8×8cm×2枚
- ワンタッチスナップボタン（13mm・白）… 1組

おもて / うら

### 作り方

#### ❶ 布を裁つ

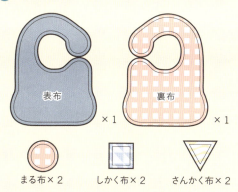

※まる布、しかく布、さんかく布の縫いしろは1cmとる

#### ❷ 本体を作る
p.36「ふだんぎスタイ01」を参照して本体を作る

#### ❸ まる・さんかく・しかくを作る

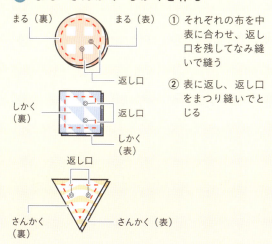

① それぞれの布を中表に合わせ、返し口を残してなみ縫いで縫う
② 表に返し、返し口をまつり縫いでとじる

#### ❹ 本体に縫いつけて、仕上げる

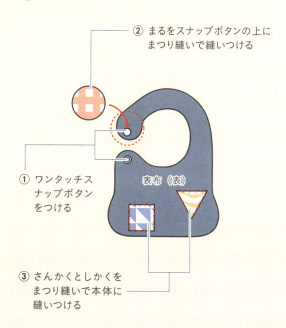

① ワンタッチスナップボタンをつける
② まるをスナップボタンの上にまつり縫いで縫いつける
③ さんかくとしかくをまつり縫いで本体に縫いつける

# 09 ドーナツ衿のワンピース風スタイ

作品掲載 > p.21  型紙B面 ⑭-1、⑭-3、⑭-4、⑭-5  Level

## 材料
- 表布／コットン（水色）… 25×25cm
- 裏布／コットン（水色）… 25×25cm
- 芯／ダブルガーゼ … 25×25cm
- スカート表布／コットン（花柄）… 50×30cm
- スカート裏布／ダブルガーゼ（ドット）… 50×30cm
- リボン布／コットン（ピンク）… 2.5×5cm
- リボン留め布／コットン（ピンク）… 2.5×3cm
- ワンタッチスナップボタン（13mm・ピンク）… 1組

## 作り方

### ① 布を裁つ

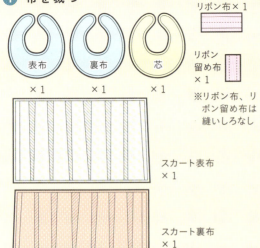

### ② 本体を作る

p.36「ふだんぎスタイ01」を参照して本体を作る

### ③ スカートを作る

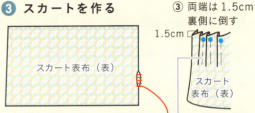

① 中表に合わせ、返し口を残してなみ縫いで縫う

② 表に返して返し口をまつり縫いで縫う

③ 両端は1.5cm裏側に倒す

④ 型紙を参照してタックを寄せ、まち針でとめる

⑤ 上から1.2cmのところでタックをなみ縫いで縫う

### ④ 本体にスカートをつける

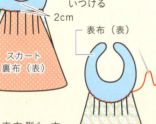

① 本体裏布の首周りから約2cm下にスカートをまつり縫いで縫いつける

② 表布側も、本体にスカートをまつり縫いで縫いつける

### ⑤ リボンを作る

① リボン布を中表に二つ折りにしてなみ縫いで縫い、アイロンで縫いしろを割る

② 表に返し、縫い目が裏の中央にくるようにする

③ 図のように折りたたみ、0.5cm重なるようにしてまつり縫いで縫う

④ リボン留め布は、折り線にそって両端を折る

⑤ リボン留めをリボン布に巻きつけて、後ろはまつり縫いで縫いつける

### ⑥ リボンとボタンをつける

① ワンタッチスナップボタンをつける

② 本体にリボンをまつり縫いで縫いつける

## おめかしキツネの衿巻きスタイ

作品掲載 > p.22　型紙B面 ⑱-1、⑱-2、⑱-3　Level ♥♥♡

おもて　　うら

### 材料

- 表布／ダブルガーゼ（オフホワイト）… 35×35cm
- 裏布／ダブルガーゼ（花柄）… 35×35cm
- 芯／キルティング地 … 35×35cm
- キツネの顔布／ダブルガーゼ（オフホワイト）… 15×15cm×2枚
- しっぽ布／ダブルガーゼ（オフホワイト）… 15×10cm×2枚
- 綿 … 適量
- コットンレース（23mm幅・オフホワイト）
  … 80cm×1本、5cm×2本
- 刺しゅう糸（茶）… 適量
- ワンタッチスナップボタン（13mm・白）… 2組

### 作り方

**① 布を裁つ**

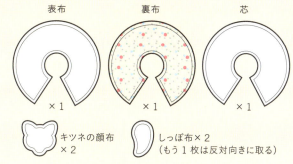

※キツネの顔布、しっぽ布の縫いしろは1cmとる

**② コットンレースをつける**

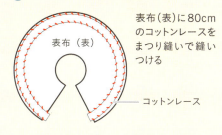

表布（表）に80cmのコットンレースをまつり縫いで縫いつける

**③ 本体を作る**

p.36「ふだんぎスタイ01」を参照して本体を作る

**④ キツネの顔、しっぽを作る**

① 2枚のしっぽ布（表）に5cmのコットンレースをまつり縫いで縫いつける

② それぞれの布を中表に合わせ、返し口を残してなみ縫いで縫う

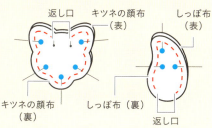

③ 表に返し、綿を適量詰めてから返し口をまつり縫いでとじる

④ きつねの顔にステッチを入れる

①③⑤ バックステッチ
② バリオンノットステッチ
④⑥ ストレートステッチ
（p.35参照）

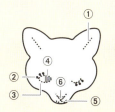

**⑤ 本体にボタン、キツネの顔、しっぽをつける**

① ワンタッチスナップボタンをつける
② 写真を参照して、キツネの顔としっぽをまつり縫いで縫いつける

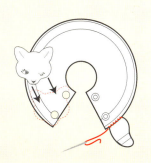

## 11 もこもこあったかスヌードスタイ

作品掲載 > p.23　型紙A面⑲　Level

### 材料
- 表布／ダブルガーゼ（ドット）… 17×52cm
- 裏布／スウェット（水色）… 17×52cm
- 芯／タオル地 … 17×52cm
- ワンタッチスナップボタン（13mm・白）… 2組

### 作り方

**① 布を裁つ**

**② 布を縫い合わせる**

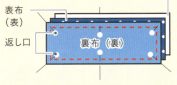

中表に合わせ、返し口を残してなみ縫いで縫う

**③ 表に返し、仕上げる**

① 返し口をまつり縫いで縫う
② ワンタッチスナップボタンをつける

---

## 12 大きなドーナツリング型スタイ

作品掲載 > p.24　型紙B面⑱-1　Level

### 材料
- 表布／コットン（A チェック、B 花柄）… 35×35cm
- 裏布／コットン（A 赤、B 水色）… 35×35cm
- 芯／キルティング地 … 35×35cm
- ワンタッチスナップボタン（13mm・ピンク）… 2組

【A】のみ
- バイアステープ（12mm幅）
  … 80cm×1本、8cm×1本、3cm×1本

【B】のみ
- フラワーレース（12mm幅）… 80cm×1本

### 作り方 ※【A】で解説（【B】も同様の手順で作る）

**① 布を裁つ**

**② バイアステープをつける**

表布（表）に80cmのバイアステープをまつり縫いで縫いつける

※【B】を作るときはバイアステープをフラワーレースにかえる

**③ 布を縫い合わせる**

p.36「ふだんぎスタイ01」を参照して本体を作る

**④ 表に返し、仕上げる**

① 表に返し、返し口をまつり縫いでとじる

② p.46「おでかけスタイ01」の5を参照して8cmと3cmのバイアステープでりぼんを作り、まつり縫いで縫いつける

③ ワンタッチスナップボタンをつける

## スクエアー型スタイ

作品掲載 > p.25　型紙B面 ⑳-1、⑳-2、⑳-3　Level

【A】おもて　【B】おもて

うら　うら

### 材料

【A】
- 表布／ダブルガーゼ（チェック）… 22×25cm
- 裏布／コットン（黄緑）… 35×25cm
- 芯／タオル地 … 35×25cm
- 切りかえ用布（先端）／ダブルガーゼ（ドット）… 8×10cm×2枚
- 切りかえ用布（裾）／ダブルガーゼ（ドット）… 10×22cm
- 刺しゅうリボン（17mm幅・てんとう虫）… 19cm×2本
- ワンタッチスナップボタン（13mm・黄）… 1組

【B】
- 表布／ダブルガーゼ（チェック）… 35×25cm
- 裏布／ダブルガーゼ（チェック）… 35×25cm
- 芯／タオル地 … 35×25cm
- グログランリボン（17mm幅・紫）… 65cm×1本
- ワンタッチスナップボタン（13mm・紫）… 1組

### 作り方　※【A】で解説（【B】も同様の手順で作る）

**① 布を裁つ**

表布 ×1

裏布 ×1

芯 ×1

表布の切りかえ布／先端
×2（もう1枚は反対向きに取る）

表布の切りかえ布／裾
×1

**② 刺しゅうリボンをつける**

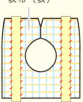
表布（表）

表布（表）に、型紙を参照して刺しゅうリボンをまつり縫いで1本ずつ縫いつける

**③ 切りかえ布をつける**

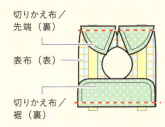
切りかえ布／先端（裏）
表布（表）
切りかえ布／裾（裏）

① それぞれの切りかえ布を表布と中表に合わせ、なみ縫いで縫う
② 縫いしろをアイロンで割る

**④ 布を縫い合わせる**

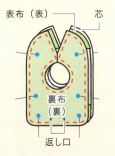
表布（表）　芯
裏布（裏）
返し口

中表に合わせ、返し口を残してなみ縫いで縫う

**⑤ 表に返し、仕上げる**

① 表に返し、返し口をまつり縫いでとじる
② ワンタッチスナップボタンをつける

### 【B】の作り方

**① 布を裁つ**

**② グログランリボンをつける**

表布（表）
グログランリボン

表布（表）に写真を参照して、グログランリボンをまつり縫いで縫いつける

※りぼん部分は形を作ってから縫いつける

**③ 布を縫い合わせる**

**④ 表に返し、仕上げる**

# 01 黒ねこのサーカス☆スタイ

作品掲載 > p.26　型紙B面 ❶-1、❶-4、❶-5　Level

おもて　　うら

## 材料

- 表布／ダブルガーゼ（チェック）… 25×30cm
- 裏布／ダブルガーゼ（チェック）… 25×30cm
- 芯／タオル地 … 25×30cm
- ねこ表布／キルティング地（黒）… 21×22cm
- ねこ裏布／コットン（赤）… 21×22cm
- プリーツ布／ダブルガーゼ（チェック）… 35×15cm
- リボンパーツ（15mm幅・赤）… 1個
- 刺しゅう糸（赤／グレー）… 各適量
- ワンタッチスナップボタン（13mm・黄）… 1組

## 作り方

### ❶ 布を裁つ

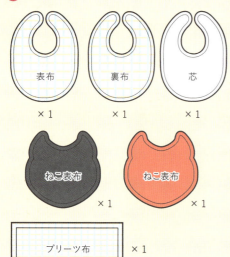

### ❷ 本体を作る

p.36「ふだんぎスタイ01」を参照して本体を作る

### ❸ ねこを作る

① 中表に合わせ、返し口を残してなみ縫いで縫う
② 表に返し、返し口をまつり縫いでとじる

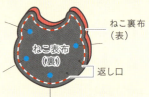

### ❹ ステッチを入れる

①②④ バックステッチ
③⑤⑥⑦ ストレートステッチ
（p.35参照）

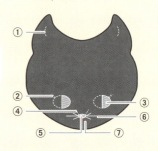

### ❺ プリーツを作る

① プリーツ布の両端を0.5cmずつ折り、折り目をアイロンでおさえる

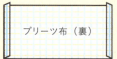

② 表に返して半分に折りたたみ、なみ縫いで縫う

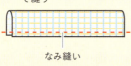

なみ縫い

③ 型紙を参照してプリーツを作り、マチ針でとめ、アイロンで押さえる

### ❻ ねこ、プリーツをつけて、仕上げる

① 本体→プリーツ→ねこの順で重ね、まつり縫いで縫いつける
② ワンタッチスナップボタンをつける
③ リボンパーツをねこのあご下にまつり縫いで縫いつける

## 02 ちょっと気取ってフォーマルスタイ

作品掲載 > p.28　型紙B面 ㉑-1、㉑-2、㉑-3　Level

### 材料
- 表布／コットン（黒）… 25×30cm
- 裏布／コットン（ドット）… 25×30cm
- 時計表布／コットン（ストライプ）… 10×10cm
- 時計裏布／コットン（ドット）… 10×10cm
- 文字盤布／コットン（グレー）… 10×10cm×2枚
- 刺しゅう糸（ピンク／黒）… 適量
- ワンタッチスナップボタン（13mm・ピンク）… 1組

### 作り方

**① 布を裁つ**

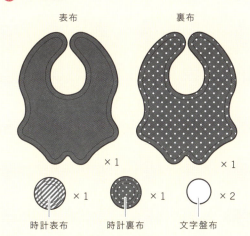

※時計表布、時計裏布、文字盤布の縫いしろは1cmとる

**② ステッチを入れる**

①～⑦はピンク、⑧～⑩は黒の刺しゅう糸でステッチを入れる

- ①④⑦⑩ バックステッチ
- ②⑥⑧ ストレートステッチ
- ③⑨ バリオンノットステッチ
- ⑤ チェーンステッチ（p.35参照）

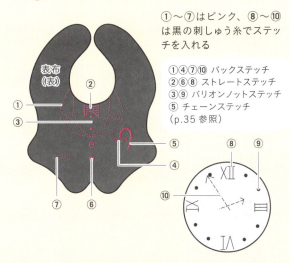

**③ 布を縫い合わせる**

① それぞれの布を中表に合わせ、返し口を残してなみ縫いで縫う

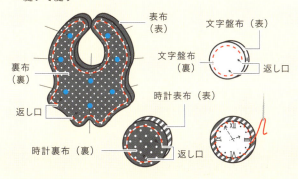

② 表に返し、返し口をまつり縫いでとじる
③ 時計に文字盤を重ね、まつり縫いで縫いつける

**④ ボタン、時計をつける**

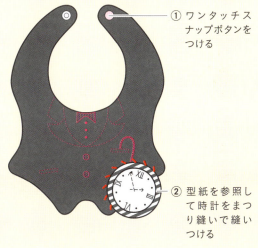

① ワンタッチスナップボタンをつける
② 型紙を参照して時計をまつり縫いで縫いつける

# 03 おしゃまなメイド風スタイ

作品掲載 > p.28　型紙B面 ❶-1、❶-6、❶-7、❶-8　Level ★★★

## 材料

- 表布／コットン（ストライプ）… 25×30cm
- 裏布／ダブルガーゼ（電話柄）… 25×30cm
- 芯／コットン … 25×30cm
- 衿布／コットン（白）… 7×10cm×4枚
- エプロン布／コットン（白）… 10×20cm×2枚
- 足布／コットン（白）… 7×5cm×4枚
- バイアステープ（6mm幅・水色）… 21cm×1本
- コットンレース（20mm幅・白・片山）… 21cm×1本
- サテンリボンパーツ（黒）… 1個
- 刺しゅう糸（黒）… 適量
- ワンタッチスナップボタン（13mm・白）… 1組

## 作り方

### ❶ 布を裁つ

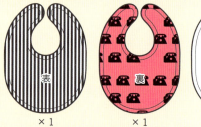

※足布、衿布の縫いしろは1cmとる

### ❷ エプロン、衿、足を作る

① エプロンとコットンレースを中表にしてなみ縫いする
② 縫いしろを裏側に倒し、アイロンで整える

① 中表にし、返し口を残してなみ縫いで縫う
② 表に返し、返し口をまつり縫いでとじる
×2

① 中表にしてなみ縫いで縫う
② 表に返す
③ ストレートステッチでくつの模様にステッチを入れる（p.35 参照）
×2（左右対称になるように）

### ❸ 表布に縫いつける

① エプロンにタックを寄せて、マチ針でとめてまつり縫いで縫いつける
② バイアステープをまつり縫いで縫いつける
③ 衿をまつり縫いで縫いつける

### ❹ 本体を作る

p.36「ふだんぎスタイ01」を参照して本体を作る

### ❺ 足をつける

写真を参照して足をつける位置をリッパーでほどき、足を1.5cm入れこむ。ほどいた部分を覆うようにまつり縫いで縫い合わせる。

### ❻ リボン、ボタンをつける

① リボンパーツをまつり縫いで縫いつける
② ワンタッチスナップボタンをつける

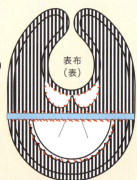

# ロマンティックなドレスアップスタイ

作品掲載 > p.29　型紙B面 ❺-1、❺-3、❺-4、❺-5　level

おもて　うら

## 材料
- 表布／コットン（ピンク）… 20×25cm
- 裏布／ダブルガーゼ（濃ピンク）… 20×25cm
- 芯／コットン … 20×25cm
- スカート表布／ダブルガーゼ（濃ピンク）… 28×40cm
- スカート裏布／ダブルガーゼ（花柄）… 30×40cm
- 首ひも布／ダブルガーゼ（花柄）… 13×50cm×2枚
- リボン留め布／ダブルガーゼ（濃ピンク）… 4×5cm
- 刺しゅう糸（白／グレー）… 各適量
- ワンタッチスナップボタン（13mm・ピンク）… 2組

## 作り方

### ❶ 布を裁つ

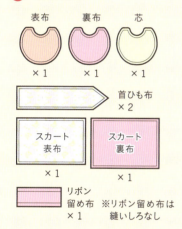

### ❷ 首ひもを作る

① 中表にしてなみ縫いで縫う

② 表に返し、端から0.5cmの位置を粗くなみ縫いし糸を引いてギャザーを寄せる

③ 同じようにもう1枚作る

### ❸ ステッチを入れる

表布（表）にステッチを入れる。
①③は白、②はグレーの刺しゅう糸でステッチを入れる

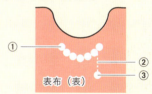

①③ ストレートステッチ
② バックステッチ
（p.35参照）

### ❹ 布を縫い合わせる

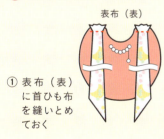

① 表布（表）に首ひも布を縫いとめておく

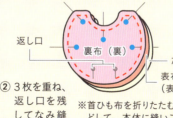

② 3枚を重ね、返し口を残してなみ縫いで縫う
※首ひも布を折りたたむなどして、本体に縫いこまないように注意する

③ 表に返し、返し口をまつり縫いでとじる

④ 凹面のワンタッチスナップボタンを左右につける

### ❺ スカートを作る

p.46「おでかけスタイ01」の❷、❸を参照してスカートを作る

### ❻ リボン留めをつける

① ウエスト部分を折る

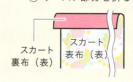

② 型紙を参照してタックを寄せ、まつり縫いでとめる

③ リボン留め布を折り線にそって折り、アイロンで押さえる

④ リボン留めをウエストの中心にまつり縫いでとめる

⑤ 裏面にスナップボタンをつける

## 06 夢見るDOLLのハート型スタイ

作品掲載 > p.30　型紙B面 ❶-1、❶-9、❶-10、❶-11　Level

### 材料
- 表布／コットン（水色）… 25×30cm
- 裏布／ダブルガーゼ（濃ピンク）… 25×30cm
- 芯／キルティング地 … 25×30cm
- ハート表布／コットン（チェック）… 25×25cm
- ハート裏布／キルティング（水色）… 25×25cm
- プリーツ布／コットン（水色）… 15×42cm×2枚
- 波形リボンテープ（4mm幅・水色）… 60cm×1本
- リボンテープ（5mm幅・水色）… 70cm×1本
- ワンタッチスナップボタン（13mm・ピンク）… 1組

## 作り方

### ❶ 布を裁つ
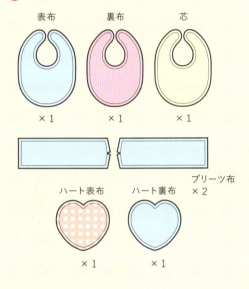

### ❷ 本体を作る
p.36「ふだんぎスタイ01」を参照して本体を作る

### ❸ ハートを作る
① ハート表布（表）の縁に沿って波形リボンテープをなみ縫いで縫いつける

② Doll♡の文字を型紙を参照してリボンテープで作ってマチ針でとめ、なみ縫いで縫いつける

③ 中表に合わせ、返し口を残してなみ縫いで縫う

④ 表に返し、返し口をまつり縫いでとじる

### ❹ プリーツを作る
① プリーツ布を中表にして折り、両端1cmをなみ縫いで縫う

② 表に返し、両端の縫いしろを中に入れ込み、まつり縫いでとじる

③ 型紙を参照してプリーツをたたみ、アイロンで押さえる

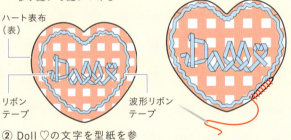

④ プリーツの上から1.5cmのところをなみ縫いで縫いつける

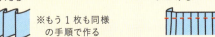
※もう1枚も同様の手順で作る

### ❺ ハート、プリーツをつけ、仕上げる
① 本体→プリーツ→ハートの順に重ね、まつり縫いで縫いつける

② ワンタッチスナップボタンをつける

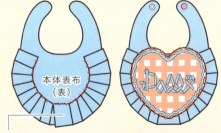

※中心は左右のプリーツが1つ分重なるようにする

## 04 メガネ男子のシャツ風スタイ

作品掲載 > p.29　型紙A面 ❼-1、❼-3、❼-4　Level

### 材料
- 表布／コットン（ストライプ）… 30×35cm
- 裏布／キルティング地（水色）… 30×35cm
- 衿布／コットン（水色）… 7×7cm×2枚
- ポケット布／コットン（水色）… 8×7cm
- 綾テープ（10mm幅・紺）… 15cm×1本、6cm×1本
- 刺しゅう糸（赤）… 適量
- ワンタッチスナップボタン（13mm・赤）… 1組

### 作り方

**❶ 布を裁つ**

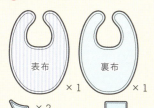

※衿布とポケット布の縫いしろは0.5cmとる

**❷ 綾テープ、衿、ポケットを縫いつける**

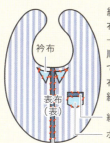

綾テープ①→衿布→ポケット布→綾テープ②の順にまつり縫いで縫いつける（衿布とポケット布は縫いしろを折る）

**❸ 本体を作る**

P.36「ふだんぎスタイ 01」を参照して本体を作る

**❹ ステッチを入れ、仕上げる**

① 下図を参考にポケットにバックステッチでステッチを入れる（p.35参照）

② ワンタッチスナップボタンを入れる

---

## 07 ときには小悪魔★ ベビーデビルスタイ

作品掲載 > p.31　型紙B面 ㉒-1、㉒-6、㉒-7　Level

### 材料
- 表布／コットン（ボルドー）… 35×40cm
- 裏布／キルティング地（黒）… 35×40cm
- 羽布／コットン（黒）… 10×13cm×4枚
- 綿 … 適量
- 綾テープ（20mm幅・黒）… 26cm×2本
- 刺しゅう糸（赤）… 適量
- ワンタッチスナップボタン（13mm・赤）… 1組

### 作り方

**❶ 布を裁つ**

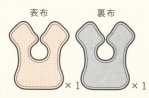

**❷ 綾テープをつける**

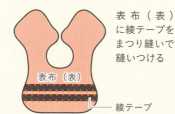

表布（表）に綾テープをまつり縫いで縫いつける

**❸ 本体を作る**

p.36「ふだんぎスタイ 01」を参照して本体を作る

**❹ 羽を作る**

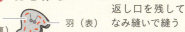

① 中表に合わせ、返し口を残してなみ縫いで縫う

② 表に返し、返し口から綿を適量つめて返し口をまつり縫いでとじる

③ バックステッチを入れる

**❺ 羽をつけて仕上げる**

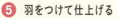

① まつり縫いで羽を本体に縫いつける

② ワンタッチスナップボタンをつける

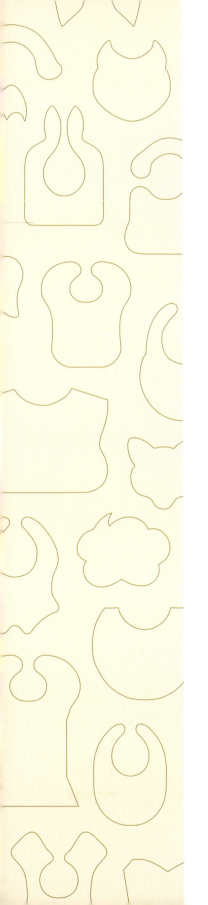

## 増山優子（ますやまゆうこ）

1998年-2001年イラストレーターとして活動後、雑誌『KERA』編集部に10年在籍。タレント、アーティスト、モデルのファッションページ、広告をメインに担当。副編集長を経た後、2011年以降フリーにて雑誌、書籍、CDジャケット、広告、カタログなどのアートディレクター、編集ライターとして活動中。クラシックスタイル、ファンタジックな世界観を得意とし、広告イメージに合わせた撮影小物や背景製作も行っている。

### Staff

| | |
|---|---|
| 撮影 | 北原千恵美 |
| ブックデザイン | 西由希子（スタジオダンク） |
| モデル | ティー ローサ、パラダ コア（オウサム） |
| 型紙・製図トレース | 株式会社レシピア |
| イラスト | 二平瑞樹（p.32〜35） |
| 校正 | みね工房 |
| 企画・制作 | 二平絵美 |
| 編集 | 石井綾香、岸本乃芙子（フィグインク） |
| 進行 | 宮崎友美子、小林裕子 |

ふだんぎからおでかけまで
## かんたん手作り 赤ちゃんスタイ

2016年1月5日　初版第1刷発行

| | |
|---|---|
| 著者 | 増山優子 |
| 発行人 | 穂谷竹俊 |
| 発行所 | 株式会社日東書院本社 |
| | 〒160-0022 |
| | 東京都新宿区新宿2丁目15番14号 辰巳ビル |
| | TEL:03-5360-7522（代表） |
| | FAX:03-5360-8751（販売部） |
| | URL:http://www.TG-NET.co.jp |
| 印刷 | 三共グラフィック株式会社 |
| 製本 | 株式会社セイコーバインダリー |

定価はカバーに記載しております。本書掲載の写真、イラスト、記事等の無断転載を禁じます。
乱丁・落丁はお取り替え致します。小社販売部までご連絡ください。

読者のみなさまへ
本書の内容に関するお問い合せは、手紙かメール（info@TG-NET.co.jp）にて承ります。
恐縮ですが、お電話でのお問い合せはご遠慮くださいますようお願いいたします。

©Yuko Masuyama, Nitto Shoin Honsha Co.,Ltd.2016
Printed in Japan
ISBN 978-4-528-02075-7 C2077